혼자가 아닌, 너와 나에게

세상을 살아가다 보면 수많은 '너'를 만나게 돼.
'너'는 친구, 가족, 이웃 등 다양한 관계 속 누군가일 거야.
깊은 고민과 슬픔에 빠진 '나'를 만날 때도 있지.
이런 '나'와 '너'가 만나면 '우리'가 될 거야.
'너'를 미워할 때도 있고
'너' 때문에 화날 때도 있고
'너'를 이해하지 못할 때도 있어.
'나'는 왜 그럴까 스스로 탓하거나
'나'는 잘하는 게 없다고 슬퍼하거나
'나'도 잘하고 싶다며 걱정하기도 해.
그런 '나'와 '너'는 이 세상을 함께 살아가고 있잖아.
서로에게, 서로를 위해 토닥토닥 작은 응원을 건네 보면 어떨까.
조금이나마 어려움을 이겨 낼 수 있지 않을까.
그 마음이 바로 '너'와 '나'를 안아 주는 달달한 마음이 아닐까.
마음이 힘들 때 이 책이 친구가 되어 주면 좋겠어.
우리는 혼자가 아니니까.
함께 헤쳐 나갈 수 있을 테니까.
언제나 여기서 기다릴게, 그리고 '너'의 마음을 꼬옥 안아 줄게.

_마음 지킴이 응유

함께하는 세상에서 필요한 마음가짐

너와 나를 안아 주는 달달한 마음

김응·김유 글 | 뜬금 그림

고민이 하나씩 나와요!

응유 자매의 따뜻한
응원 편지를 읽을 수 있어요!

6컷 만화로 고민의 내용을 알 수 있어요!

마음 놀이를 통해 직접 만들고 그리고 쓰면서
내 마음을 더 단단하게 만들어요!

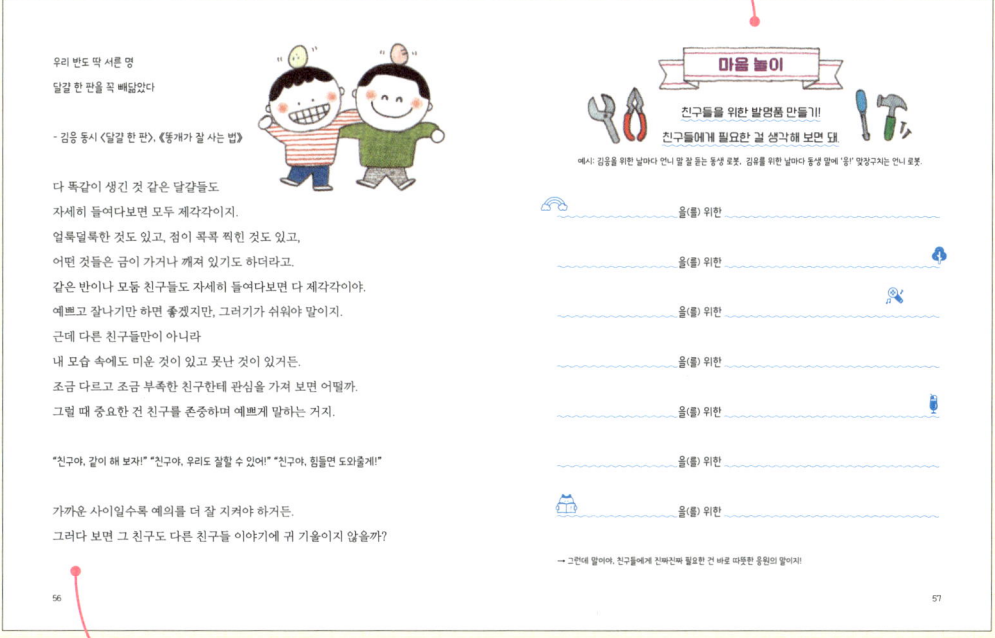

고민을 해결하기 위한 특급 방법도 알 수 있어요!

차례

하나
나를 잘 들여다보는 마음

예뻐지면 좋겠어요 ……… 10
혼자는 무서워요 ……… 14
나는 커서 무엇이 될까요? ……… 18
실수할까 봐 가슴이 콩닥콩닥 해요 ……… 22
내 별명은 울보예요 ……… 26

둘
가족을 생각하는 마음

제발 비교하지 마세요 ……… 32
내 말을 안 듣는 동생은 골칫덩이예요 ……… 36
나만 괴롭히는 오빠가 미워요 ……… 40
엄마 아빠는 왜 싸울까요? ……… 44
가족이 아프지 않으면 좋겠어요 ……… 48

셋  친구를 떠올리는 마음

친구 때문에 모둠 활동이 힘들어요 ……… 54
낯선 곳으로 이사 가기 싫어요 ……… 58
언제나 함께할 베프가 필요해요 ……… 62
싫어도 거절을 못 해요 ……… 66
친구랑 싸워서 마음이 뻥 뚫린 것 같아요 ……… 70

넷 잘하고 싶은 마음

학원을 다니느라 시간이 없어요 ……… 76
공부를 잘하려면 어떻게 해야 해요? ……… 80
글을 잘 써서 칭찬받고 싶어요 ……… 84
열심히 했는데 시험을 망쳤어요 ……… 88
하나를 선택하는 게 어려워요 ……… 92

 1 예뻐지면 좋겠어요

거울을 보니 눈도 짝짝이고, 콧구멍도 크고, 얼굴도 까맣고, 똥배까지 나왔어요.

내 눈에도 내가 못생겨 보여요.

학교 끝나고 집에 가는데 콧등에 점이 있는 고양이를 봤어요.

다른 고양이들과 다르게 눈도 작고 배도 불룩했어요.

쟤 되게 못생겼다.
엄청 많이 훔쳐 먹었나 봐.

친구들 이야기에 내 마음이 움츠러들었어요.
꼭 나한테 하는 이야기 같았거든요.

응유의 응원 편지

나는 얼굴에 작은 여드름만 생겨도 무지 신경 써.
먹는 걸 좋아하는데 먹을 때마다 살이 찔까 봐 걱정해.
그래서 예뻐지고 싶은 마음을 잘 알 것 같아.
오늘은 노래를 들으며 책을 읽었어.
〈예쁘지 않은 꽃은 없다〉라는 시 노래가 흘러나왔지.
풀꽃도 예쁘고 이 꽃 저 꽃 예쁘지 않은 꽃은 없다는
노랫말을 들으며 잠깐 생각했어.
바닷가 모래밭을 걸을 때 만난 나팔꽃 닮은 메꽃도 떠오르고,
산에 오른 날 힘들어 주저앉았을 때 만난 노랑제비꽃도 떠올랐어.
모래밭에서 바닷바람을 맞으며 피어난 메꽃도,
옹기종기 작게 피어난 노랑제비꽃도 신기해서 오래 들여다봤거든.
저마다 자기만의 향을 품은 채 씩씩하게 살아가고 있잖아.
바닷바람을 맞아도 꽃을 피우는 메꽃을 닮은 사람,
아기자기한 노랑제비꽃 같은 사람이 되고 싶다는 생각을 했어.
나도 무언가 열심히 하고 씩씩하게 살면
들에 핀 꽃들처럼 예쁘게 보일 거라는 자신감이 생겼지.
우리는 외모가 마음에 들지 않아 속상해하거나
남들 말만 듣고 내 외모가 못났다고 생각할 때가 있어.

친구들이 내 외모를 보며 놀릴 때는 화가 나기도 해.
우리가 외모보다 더 가꾸어야 하는 건 마음인데 말이야.
마음이 예쁜 사람은 얼굴도 빛나거든.
게다가 어려운 사람을 도울 줄 아는 마음까지 가졌다면
친구들 사이에서 인기쟁이가 되는 건 당연하지.
얼굴에 점 하나 없이 깨끗하면 뭐 해.
마음이 삐딱하면 눈도 코도 입도 삐딱해 보일 텐데.

멋진 사람이 되는 특급 방법

☝ 화내지 말고 많이 웃기 → 찡그리면 얼굴이 찌그러지거든!
✌ '다 잘될 거야!'라고 주문 외우기 → 생각한 대로 이루어지거든!
🖖 예쁘게 말하기 → 욕이나 거짓말을 즐겨 하면 입이 삐뚤어지거든!
🖐 착한 음식 먹기 → 불량 식품을 먹으면 몸도 불량해지거든!
✋ 재미있는 책 읽기 → 책 속에서 만난 근사한 일이 현실에서도 일어나거든!

오늘부터 이 특급 방법을 꾸준히 써 봐.
너무 예뻐져서 주변 사람들이 못 알아볼지도 몰라.
그리고 거울을 볼 때마다 나에게 말해 주자.
"난 참 예뻐!"
세상에서 가장 예쁜 꽃은 나 자신이라는 거 잊지 말고.

하루쯤은 '내가 나를 칭찬하는 날'로 정해도 좋을 거야.
'나한테 주는 상장'도 만들어 보고!

( )상

이름:

위 어린이는 〰〰〰〰〰〰〰〰〰〰

〰〰〰〰〰〰〰〰〰〰〰〰〰

〰〰〰〰〰〰〰〰〰〰〰〰〰

상장을 수여합니다.

마음 지킴이 응유

2 혼자는 무서워요

웅유의 응원 편지

나도 겁이 엄청 많아서 혼자 있거나 커다란 개를 만나면
덜컥 무서운 마음부터 들었어.
자전거들이 씽씽 달리는 건 보기만 해도 아찔하고
친구들이 공놀이를 하면 혹시 맞을까 봐 피해 다녔어.
밤에 혼자 있는 것도 싫어했어.
혼자 있으면 아주 작은 소리도 크게 들렸거든.
그런데 우리가 무섭다고 생각하는 건
진짜 무서운 게 아닐 수도 있어.
자꾸 무섭다, 무섭다 하면 세상 모든 것이 다 무서워질 거야.
무섭다고 집 안에만 웅크리고 있을 수는 없잖아.
바깥에 나가 신나는 경험도 쌓고 좋은 친구도 많이 만나야 하는데,
'무서움'을 날려 버리려면 어떻게 해야 할지 방법을 찾아야 해.

무엇이 무서울까?
왜 무서울까?
정말 무서울까?

먼저 한번 잘 생각해 봐.

무서운 것들을 하나씩 이겨 내 보는 거야.

그래도 무서움이 안 달아난다면 재미있는 책을 읽는 거지.

동화책 《겁보 만보》에도 씩씩해지고 싶은 친구 '만보'가 나와.

혼자서는 심부름 가는 것도 겁내던 만보였지만

무시무시한 세 고개를 넘은 뒤에는 겁보딱지를 뚝 떼거든.

만보가 어떻게 겁보딱지를 떼고

씩씩한 친구가 되었는지 궁금하지?

그렇다면 만보와 함께 세 고개를 넘어 보렴.

만보를 만나고 나면 틀림없이 '용기'라는 보물을 얻게 될 거야.

무서움을 날려 줄 마법 주문

"용기야 솟아라, 얍!"

마음 놀이

용기가 불끈불끈 솟는 마법 주문을 만들어 봐.

나만의 '용기 목걸이'를 디자인해 봐.

별 모양 안을 꾸미기

3 나는 커서 무엇이 될까요?

응유의 응원 편지

가 보지 않은 미래는 어두운 동굴이나 다름없지.
그러니 미래를 생각했을 때
앞이 캄캄하고 막막하고 두려운 것은 당연해.
혹시 박쥐가 날아들지 모르고
끝이 어디쯤인지 알 수 없으니까.
하지만 동굴 탐험가가 되어
원하는 것을 찾는다면 어떨까?
함께 가는 친구가 있다면 어떨까?
힘든 시간들이 괴롭지만은 않을 거야.
시 노래 〈내가 고래라면〉에는
내가 고래가 된다면 어떨까 하는 이야기가 나와.
푸른 바다가 보고 싶고 아주 멀리 가 보고 싶어서
고래가 되는 상상을 하는 거지.
바다 저 멀리까지 가고, 미국도 가고, 아프리카도 가고…….
노래를 듣는 사람도 상상의 나래를 마음껏 펼치게 돼.
하지만 가끔 어른들은 이런 말을 할 때가 있어.
"한눈팔지 말고 열심히 공부만 해!"
그런데 공부를 왜 하는지 모르고 시키는 대로만 하는 사람은 고래가 되는 상상도 할 수 없을 거야.
손가락으로 하늘을 가리킬 때
하늘은 보지 못하고 손가락만 보는 것과 같거든.
내가 고래라면 무엇을 할까?
내가 고래라면 어디를 가 볼까?
내가 고래라면 어떤 마음일까?
찬찬히 생각해 보렴.
동굴 탐험가처럼, 고래가 되고 싶은 친구처럼
앞에 놓인 일들을 헤쳐 나가고 즐거운 상상을 한다면
무슨 일을 하든 무엇이 되든 행복하리라 믿어.

행복한 꿈을 찾는 비법

- 내가 잘하는 것보다 내가 좋아하는 것 떠올리기(좋아하는 걸 하면 마음이 절로 행복해져.)
- 모두를 행복하게 해 주는 일 떠올리기(다른 사람들이 행복하면 나도 행복해져.)

마음 놀이

내가 고래라면, 어떤 모습일까?

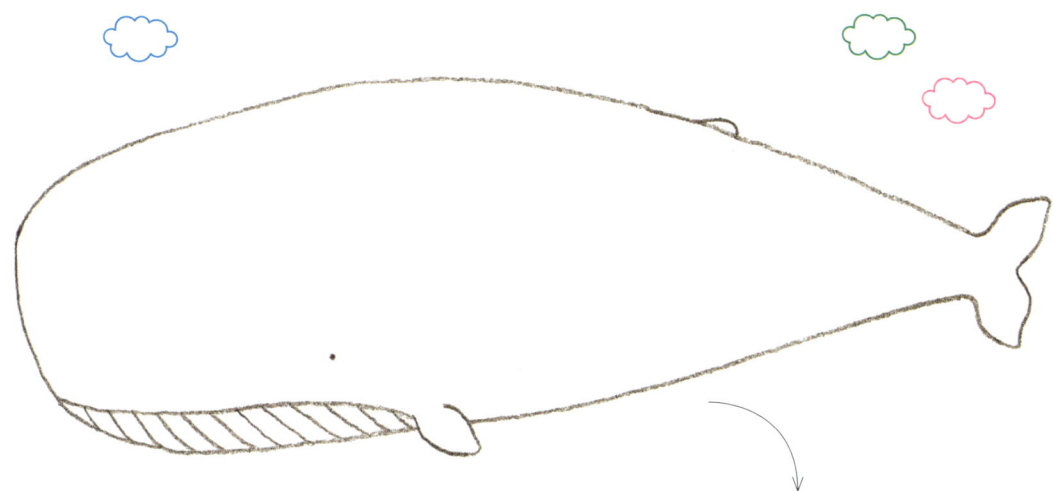

색을 칠해도 좋고, 모자를 씌워도 좋아.

내가 고래라면, 뭘 하고 싶어?

☝ 달빛으로 물든 밤바다에 누워 노래하기

✌ 아프리카까지 헤엄쳐 가기

🤟 _____

🖐 _____

🖐 _____

4. 실수할까 봐 가슴이 콩닥콩닥해요

응유의 응원 편지

부끄러움은 웃음이나 슬픔처럼 소중한 감정 표현 중 하나야.
그러니 누구나 부끄러움을 타게 마련이지.
우리는 언제 부끄러움을 타게 될까?
사람마다 조금씩 다르겠지만, 보통 잘못을 저질러 창피할 때나
좋아하는 사람 앞에서 부끄러움을 타.
그리고 자신감이 없을 때 콩닥콩닥 가슴이 뛰지.
나는 세상에 둘도 없는 음치거든. 거기에 박치까지!
내가 노래를 부르면 사람들이 깔깔깔 웃어.
그럴 때마다 얼마나 부끄러운지.
얼굴은 벌써 홍당무가 되고 다리까지 덜덜 떨려.

노래를 못한다고 자꾸자꾸 피하게 되면
나도 괴롭고 사람들과도 어울리지 못하잖아.
그래서 이렇게 생각해.
'누구나 못하는 게 있어. 난 노래를 못하지만 글을 잘 써.
또 친구들 이야기를 얼마나 잘 들어 주는데!'
처음부터 잘하는 사람은 없을 거야.
못하는 노래도 자꾸 연습하다 보면 실력이 느는 것처럼
조금씩 노력하면 자신감도 덩달아 생기거든.

부끄러움 떨치기 대작전

☝ 나만 부끄러워한다는 생각 버리기 → 부끄러움은 자연스러운 거야!

✌ 자신감 갖기 → 난 잘할 수 있어!

🖐 눈을 크게 뜨고 친구들 눈을 보기 → 눈을 보면 마음을 나눌 수 있어!

세 가지 작전이 통하지 않을 때는

그냥 웃자!

하하호호 웃으면 긴장이 풀리거든.

잘 웃는 사람은 친구가 많아.

가족처럼 편하고, 집처럼 익숙한 곳에서는 부끄러워하지 않잖아.

잘 알수록, 익숙할수록 자신감이 생긴다는 뜻이야.

친구들과 친해지려면 친구들한테 관심이 많아야 하고,

발표를 잘하려면 공부를 많이 해야 해.

누구나 그렇듯 처음에는 서툰 게 당연하지.

그러니 조금만 용기를 내 보자!

마음 놀이

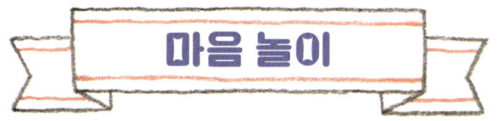

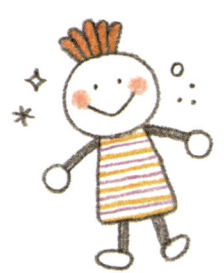

우리가 잠든 동안 '걱정 인형'이 걱정을 해결해 준대.

나만의 걱정 인형을 그려 봐!

→ 걱정이 스멀스멀 찾아오면 이 페이지를 펼쳐 봐. 그리고 걱정 인형한테 걱정을 말하는 거지! 용기 내어 큰 소리로!

5 내 별명은 울보예요

나는 잘 울어요.
친구랑 싸우는데도 눈물이 났어요.

내가 뭐라고 한 적도 없는데
친구가 나 때문이라고, 내가 자기 욕했다고
화를 냈거든요.

그래서 억울하다고 말하다 막 울었어요.

너 또 울어? 얘는 맨날 울어.

왜 나는 자꾸 눈물이 날까요?
언니랑 동생은 잘 안 울거든요.

또 울어? 또 울어?

집에서도 내 별명은 울보예요.
나도 안 울면 좋겠어요.

웅유의 응원 편지

편지를 받고 깜짝 놀랐어. 왜냐고?
나도 엄청 울보거든.
자꾸 눈물이 나서 '안 울면 좋겠어!'라고 생각한 적이 많아.
하지만 요즘은 생각이 달라졌어.
울어야 할 때는 꼭 울어야 한다는 걸 알았으니까!
'눈물'은 우리가 하는 '말'과 똑같아.
마음이 아파요, 너무 힘들어요, 몹시 화가 나요…….
눈물에는 많은 뜻이 담겨 있지.
어느 날은 친구랑 싸워서 울기도 하고
또 어느 날은 무서운 꿈을 꿔서 울기도 해.
어쩌면 우리 울보들은 날마다 한 번씩은 꼭 울지도 모르겠다.
그림책 《눈물바다》에도 울보가 나와.
시험에 아는 문제가 하나도 안 나오고
점심밥은 맛없는 반찬으로 가득하고
먹구름이 비를 뿌리는데 우산은 없고
기껏 집에 왔는데 엄마 아빠는 싸우고

왜 이런 날 있잖아, 슬픔이 나만 따라다니는 것 같은 날 말이야.
슬픔을 참으면 마음의 병이 생길 수도 있어.

너무 슬픈데, 눈물을 흘리지 않고 꾹 참으면 얼마나 답답하겠어.
하고 싶은 말을 못 하면 마음이 답답한 것처럼.
그러니 눈물이 날 때는 울고 싶은 만큼 실컷 울면 돼.
슬픔을 덜어 내면 기쁨을 두 배로 채울 수 있을 거야.
엄마나 아빠는 잘 울지 않을 것처럼 보이지?
어쩌면 억지로 눈물을 참거나 혼자서 몰래 눈물을 흘릴지도 몰라.
어떤 어른들은 눈물을 들키면 큰일 나는 줄 알고 있거든.
울지 않으려고 눈에 힘을 팍 주는 게 근사한 거라고 잘못 생각하는 거지.
울고 싶을 때는 당당하게 울 줄 아는 어른으로 자라렴.
'눈물바다'가 모든 슬픔과 걱정을 씻어 내 줄 테니까.

울고 싶을 때 내 마음에게 말하기

- "눈물이 흘러흘러 바다가 되어도 좋아."
- "어때? 조금 후련해졌니?"
- "거봐, 때로는 눈물만큼 좋은 약이 없다니까!"

마음 놀이

슬픔을 날려 주는 즐거운 퍼즐 놀이!
우리를 응원하는 시, 책, 영화 제목을 맞혀 보자.

(이 책 곳곳에 답이 있음)

나	책	겁	보	베
는	시	간	요	프
기	바	다	호	종
적	할	요	달	걀
아	까	부	탁	끈

1. **겁보** 만보
2. 눈물○○
3. ○○ 나
4. 진짜로 일어날지도 몰라 ○○
5. ○○ 한 판
6. 너의 ○○가 되고 싶어
7. 비싼 ○○ 좀 들어줄래?
8. 알쏭달쏭 ○○
9. ○○ 말까?

1 제발 비교하지 마세요

우리 엄마 아빠 주변에는 잘난 아이들이 너무 많아요.

엄마 친구 아들은 백 점이래.
아빠 친구 딸은 대상 받았대.

시험을 조금만 못 봐도 상을 못 받아도 누구는 어떻다 누구는 어떻다…… 진짜 너무 듣기 싫어요.

부모님이 시키는 대로 영어 학원과 수학 학원도 다니고 피아노까지 배우는데

나는 능력이 안 되는지 공부도 못하고 상도 못 받아요. 자신감이 바닥으로 떨어졌어요.

제발 비교하지 마세요!
큰 소리로 외치고 싶어요.

웅유의 응원 편지

시험을 못 보고 상을 못 받는 것도 속상할 텐데
다른 친구들이랑 비교까지 당하면
얼마나 마음이 아플까.
엄마 아빠도 그 순간에는 괜히 속상해서
마음과 다르게 말씀하셨을 거야.
어떨 때 보면 부모님들은
자신과 아이를 헷갈려 하는 것 같아.
그래서 아이들이 공부를 못하면
자신이 잘못해서 그렇다고 생각하는 거지.
우리 모두 엄마 아빠 사이에서 태어났으니 헷갈려 할 만도 해.
많이 속상하겠지만 그런 부모님을 이해해 드리자.

호랑이 무늬 옷을 입었다고
힘센 호랑이가 되지 않아

토끼 모자를 썼다고
앙증맞은 토끼가 되지 않아

얼룩말 무늬 스타킹을 신었다고
롱 다리 얼룩말이 되지 않아

호랑이 옷을 벗고
토끼 모자를 벗고
얼룩말 스타킹을 벗고

거울 앞에 서면
나는 나

- 김응 동시 〈나는 나〉, 《마음속 딱 한 글자》 중에서

누가 아무리 멋지다 해도, 누가 아무리 잘났다 해도
모두 따라만 하면 개성이라는 것은 없을 거야.
내가 좋아하는 것, 내가 잘하는 것을 찾으면
세상에 하나뿐인 '나'를 만날 수 있지.

자신감 찾기 프로젝트

- 나의 장점 종이에 써 보기
- 내가 좋아하는 것들 찾기(색깔, 음식, 숫자, 글자 등등 뭐든지)
- 나만 할 수 있는 일 떠올리기

누구도 흉내 낼 수 없는 나만의 특별한 점 찾기!

모습 :
그래서 좋은 점은?

성격 :
그래서 좋은 점은?

행동 :
그래서 좋은 점은?

→ 거울 속 '특별한 나'를 보며 하루에 한 번씩 말해 주기 "나는 정말 멋져!"

2. 내 말을 안 듣는 동생은 골칫덩이예요

웅유의 응원 편지

나는 동생은 없고 언니만 있어서
동생이 있는 친구들이 부러웠어.
하지만 동생이 있어서 늘 좋은 것만은 아닐 거야.
혹시 우리 언니도 나를 골칫덩이라고 생각하려나?
실은 내가 청개구리를 닮아서 말을 좀 안 듣거든.
재미있게 본 영화 가운데 〈스튜어트 리틀〉이 있어.
어느 날 조지의 부모님은 스튜어트라는 조그만 생쥐를 데려와.
조지의 남동생으로 말이야!
기대가 와르르 무너진 조지는 몹시 실망해서
스튜어트한테는 눈길도 주지 않아.
실수투성이에 손바닥만 한 동생이라니 곱게 보일 리 없지.
그러다 스튜어트가 우연히 조지의 방에 들어가고
조지가 만들다 만 모형 배를 보게 돼.
스튜어트는 배를 완성해서 자신을 태워 달라고 부탁하지.
동생 스튜어트의 진심이 형 조지에게 가 닿았지 뭐야!
둘이 진정한 형제로 거듭나는 뒷이야기는 영화로 만나 보렴.
세상 모든 자매나 남매나 형제들은 다 비슷한 걱정이 있을 거야.
그런데 말이지, 아주 미운 짓만 골라 하는 골칫덩이 동생도 가끔, 아주 가끔 착하거나 예쁠 때도 있지 않을까?
동생의 좋은 점을 한번 찾아보는 것도 좋아.
'동생 칭찬 목록'을 만들어 보는 거야.
그럼 동생이 골칫덩이가 아니라 귀염둥이로 보일걸.
어쩌면 동생들은 태어날 때부터
눈에 보이지 않는 심술 꼬리를 달고 있을지도 몰라.
나한테도 심술 꼬리가 있느냐고?
쉿, 그건 비밀이야!

동생이랑 안 싸우고 노는 방법

- 이야기 많이 나누기 → 동생이 왜 그랬는지도 알 수 있잖아!
- 맛있는 거 나눠 먹기 → 동생이 좋아하는 과자나 사탕이라면 성공!
- 동생이랑 함께할 놀이 만들기 → 역할을 정해서 놀면 싸움도 줄어들 거야!

마음 놀이

 동생을 괴롭히는 7가지 방법을 써 봐.

동생이 없다고? 그럼 언니? 형? 엄마? 누구든 괜찮아.

① ~~~~~~

② ~~~~~~

③ ~~~~~~

④ ~~~~~~

⑤ ~~~~~~

⑥ ~~~~~~

⑦ ~~~~~~

그럼 어떻게 될까?

→ 싸워서 마음이 상하고 싶다면 그대로 실천하고, 함께 웃으며 즐겁게 지내고 싶다면 반대로 해 봐. 선택은 마음대로!

3. 나만 괴롭히는 오빠가 미워요

오빠가 나만 괴롭혀서 미워요.

무슨 말을 하면 "어쩌라고?" 하면서
자꾸 나를 힘들게 해요.
어쩌라고?

자기가 시험 망치고 와서
아빠한테 혼나도 나한테 화풀이해요.

그리고 맨날 나보고 멧돼지라고 놀려요.
왜 놀리느냐고 따지면
약 올리면서 계속 놀리기만 해요.

그러면 나도 화가 나서 오빠를 놀려요.
그러다가 엄마한테 둘 다 혼나요.

오빠 때문에 속상하고 기분이 아주 나빠요.

웅유의 응원 편지

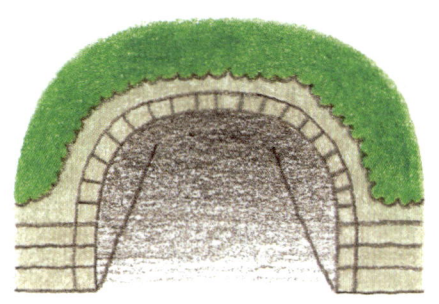

동생을 자꾸 놀리고 괴롭히다니,
오빠가 무척 장난꾸러기인가 봐.
내 조카 중에도 '오빠와 여동생'이 있는데
키득거리며 놀다가도 금세 싸우곤 해.
오빠는 동생을 약 올리고, 동생은 화가 나서 울음을 터뜨리고…….
도대체 오빠들은 왜 동생의 기분을 나쁘게 만드는 걸까?
혹시 동생이 귀여워서 괜히 짓궂게 구는 건 아닐까?
동생이 싫다면 놀리기는커녕
본 척 만 척 눈길도 주지 않을 테니까.
그림책 《터널》에도 오빠와 동생이 나와.
둘은 성격이 정반대라서 언제든 마주치기만 하면 싸우지.
그래서 화가 난 엄마가 갑자기 숙제를 내.
둘이 나가서 사이좋게 놀고, 점심때까지 들어오지 말라고!
엄마가 쫓아내듯 집에서 밀어 내는 바람에
남매는 바깥으로 나오게 돼.
하지만 둘은 하고 싶은 것도, 좋아하는 것도 다르기 때문에
서로 다른 것들을 하며 시간을 보내지.
그러다 우연히 컴컴하고 으스스한 터널을 발견해.

호기심 많은 오빠가 먼저 터널로 들어가고

겁 많은 동생은 바깥에서 오빠를 기다려.

그런데 한참이 지나도 오빠가 나오지를 않네.

결국 동생은 무서움을 꾹 참고 오빠를 찾으러 터널로 들어가지.

과연 남매는 만날 수 있을까?

이 책을 다 읽고 난 뒤에는 오빠 때문에 속상했던 마음이

스르르 풀어지면 좋겠다.

엄마 아빠가 없을 때 곁에 오빠마저 없다고 생각해 봐.

아마 몹시 무섭고 슬프고 힘들 거야.

그건 오빠도 마찬가지일 것 같아.

동생이 없으면 얼마나 허전할까.

티격태격하다가도 어려운 일을 당했을 때

걱정하고 도와줄 수 있는 사이, 그게 바로 남매니까.

오빠와 동생이 한마음으로 뭉치면 엄청난 힘을 낼 수 있거든.

오빠와 세상에서 가장 친한 남매가 되길 응원할게.

왼쪽 오른쪽 사이좋은 장갑처럼 말이야!

착한 오빠 만들기 프로젝트

✌ 하루에 한 가지씩 오빠를 칭찬하자. → 그럼 동생을 놀리는 게 얼마나 치사한지 알게 될걸.

✌ 오빠가 괴롭힐 때 오빠를 안아 주자. → 가장 좋은 복수야! 오빠는 냅다 도망쳐 버릴 거야!

마음 놀이

다음 액자 안에 가족사진을 붙여 봐.

풀칠하는 곳

우리 가족 마구마구 칭찬하기!

예시: 오빠는 방귀 소리가 우렁차서 좋아.

 **4 엄마 아빠는 왜 싸울까요?**

웅유의 응원 편지

엄마 아빠랑 동생을 걱정하는 걸 보니 가족을 무척 사랑하는구나.

가족끼리 서로 사랑하며 즐겁게 살면 좋겠는데

힘든 일이 생기다 보면 그게 잘 안 되는 것 같아.

엄마 아빠도 바깥일에 집안일까지 하다 보면 힘드실 때가 많을 거야.

영화《진짜로 일어날지도 몰라 기적》에는

외갓집에서 엄마랑 사는 코이치가 나와.

아빠랑 동생은 먼 곳에서 따로 살고 있지.

코이치의 소원은 가족이 다 함께 모여 사는 거야.

어려운 게 아닐 것 같지만 어른들 세계는 뭔가 복잡한 게 많나 봐.

어쨌든 코이치는 화산이 폭발하면

아빠랑 동생이 사는 곳으로 이사를 갈 거라고 믿어.

그래서 꼭, 제발 화산이 폭발하라고 날마다 소원을 빌지.

누군가는 말도 안 되는 얼토당토않은 생각이라고 할 수도 있어.

하지만 그만큼 코이치의 마음은 간절하고 또 간절했던 게 아닐까.

코이치의 소원이 이루어질지, 가족이 함께할 수 있을지

더 많은 이야기는 영화에서 만나 보렴.

아, 주말에 가족끼리 둘러앉아 보면 더 좋겠다.

"엄마 아빠랑 보고 싶은 영화가 있어요."라고 말하는 거지.

가족은 아주아주 가까운 사이잖아.

그래서 사실은 서로 말도 함부로 할 때가 있고

작은 일에 서운해서 상처를 받기도 해.

가족이니까 이해해 줄 거라고 믿고,

또 너무 편한 사이라서 그럴 수 있어.

엄마 아빠도 그런 마음이지 않을까?

엄마 아빠를 응원하고 위로하면 좋을 것 같아.

직접 이야기하기 어려울 때는

내 마음을 담은 편지를 써서 드리는 것도 좋아.

그리고 엄마 아빠 마음이 다치지 않게 다리 역할을 하는 건 어떨까?

엄마한테는 아빠가 엄마를 사랑한다는 얘기를,

아빠한테는 엄마가 아빠를 사랑한다는 얘기를 전하는 거야.

가끔은 예쁜 거짓말이 필요할 때도 있거든.

그래도 마음이 힘들면 혼자 속으로 끙끙 앓지 마.

너무 힘들 때는 엄마 아빠한테 소리 내어 말해야 해.

"엄마 아빠가 싸우면 무서워요! 슬퍼요!" 하고 말이야.

먼저 도서관에 다녀와야 해.

책꽂이를 보면 동시집이 여러 권 있을 거야.

그 가운데 '가족'이라는 말이 나오는 동시를 찾아서 여기에 옮겨 써 봐!

제목 ～～～～～～～～～～～～～～～～～～

시인 ～～～～～～～～～～～～～～～～～～

→ 이 시가 마음에 든다면 색도화지에 다시 적어서 가족들이 잘 볼 수 있는 곳에 붙여도 좋아.

가족이 아프지 않으면 좋겠어요

가족이 아플까 봐 걱정이에요. 아프면 힘들어서 같이할 수 있는 게 없잖아요.	그런 생각이 들 때마다 마음이 조마조마해요.

엄마도, 아빠도, 동생도 안 아프면 좋겠어요.

멀리 캐나다에 사시는 할아버지 할머니도
아프지 않으면 좋겠어요.

할아버지는 혈압이 높고
할머니는 얼마 전 무릎 수술을 하셨대요.

할아버지 할머니가 빨리 낫길 날마다 기도해요.

응유의 응원 편지

할아버지 할머니가 멀리 계시는 데다
편찮으시기까지 해서 걱정이 많겠구나.
가족 중에 누군가 아프면 모두 힘든 게 당연하지.
내가 어릴 때 우리 엄마도 많이 아프셨거든.
집안에 큰일이 일어난 뒤 엄마한테 병이 찾아왔어.
엄마가 아프기 전에는 가족끼리 소풍도 가고
맛있는 음식을 해 먹으며 웃는 날도 많았어.
그런데 엄마가 아프고 나니까
가족들 얼굴도 마음도 어두워졌지.
너무 걱정을 많이 하다 보면 없던 병도 생기는 걸까?
얼마 뒤 병간호하던 아빠까지 많이 아프게 됐어.
지금도 그때 아빠 얼굴에 드리워졌던 그늘이 떠올라.
엄마 아빠가 아플 때 웃는 일을 만들었다면
두 분은 건강을 되찾을 수 있었을까?
웃음이 약이 된다는 말이 있거든.
그래서 요즘은 웃음 치료도 있대.
일부러 소리 내어 더 크게 웃는 거지.
이렇게 자주 웃었다면, 또 서로 웃게 해 주었다면

엄마 아빠가 병을 이겨 냈을지 모른다는 생각이 들어.
캐나다에 사시는 할머니 할아버지한테 자주 전화도 드리고
문자와 편지로 재미난 이야기도 들려 드리면 좋겠어.
그럴 때마다 두 분 얼굴에 웃음꽃이 활짝 필 테니까.
가족이 아플까 봐 걱정될 때에는
웃음이 빵빵 터지는 책이나 영화를 함께 보는 것도 좋아.
그래도 안 웃는 가족이 있으면 간질간질 간지럼을 태우는 거야.
늘 하하호호 웃는 일이 많으면 가족이 아플 새도 없을 테니까.

가족을 웃게 하는 말

- 멋져요!
- 힘내요!
- 사랑해요!
- 행복해요!
- 최고예요!
- 고마워요!
- 도와줄게요!

마음 놀이

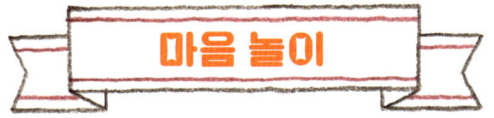

가족을 웃게 하는 '도움 쿠폰' 만들기!

예시: 5분 동안 안마, 대신 혼나기, 먹기 싫은 반찬 먹어 주기

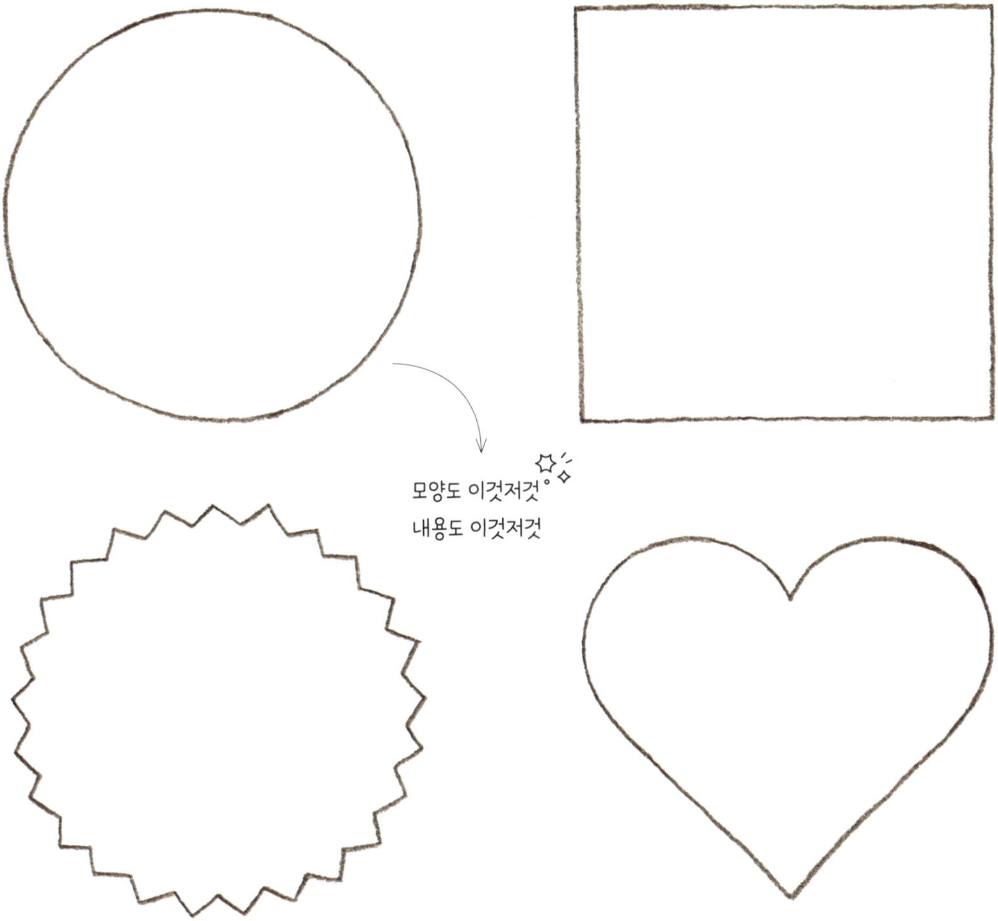
모양도 이것저것
내용도 이것저것

주의 사항: 유효 기간을 꼭 써야 함! (필요할 때는 이 페이지를 보고 도움 쿠폰을 만들어 선물해 봐.)

1 친구 때문에 모둠 활동이 힘들어요

응유의 응원 편지

모둠 활동을 어렵게 만드는 친구 때문에 걱정이 많구나.
나와 다른 그 친구에 대해 생각해 봐도 좋을 것 같아.

그 친구는 왜 장난을 칠까?
그 친구를 좋아하는 친구가 없어서 그럴까?
그 친구는 선생님한테 꾸중을 들어도 괜찮을까?
그 친구도 다른 친구들이랑 사이좋게 지내고 싶을까?
친구가 장난을 치는 건 관심을 받고 싶어서일지도 몰라.

달걀 한 판을 세어 보니
딱 서른 알이 들어 있다

동글동글 닮은 달걀들을
하나씩 집어 들여다보면
색깔이 진한 것도 있고
점들이 찍힌 것도 있고
얼룩이 묻은 것도 있고
금이 가거나 깨진 것도 있다

우리 반도 딱 서른 명

달걀 한 판을 꼭 빼닮았다

- 김응 동시 〈달걀 한 판〉, 《똥개가 잘 사는 법》

다 똑같이 생긴 것 같은 달걀들도

자세히 들여다보면 모두 제각각이지.

얼룩덜룩한 것도 있고, 점이 콕콕 찍힌 것도 있고,

어떤 것들은 금이 가거나 깨져 있기도 하더라고.

같은 반이나 모둠 친구들도 자세히 들여다보면 다 제각각이야.

예쁘고 잘나기만 하면 좋겠지만, 그러기가 쉬워야 말이지.

근데 다른 친구들만이 아니라

내 모습 속에도 미운 것이 있고 못난 것이 있거든.

조금 다르고 조금 부족한 친구한테 관심을 가져 보면 어떨까.

그럴 때 중요한 건 친구를 존중하며 예쁘게 말하는 거지.

"친구야, 같이 해 보자!" "친구야, 우리도 잘할 수 있어!" "친구야, 힘들면 도와줄게!"

가까운 사이일수록 예의를 더 잘 지켜야 하거든.

그러다 보면 그 친구도 다른 친구들 이야기에 귀 기울이지 않을까?

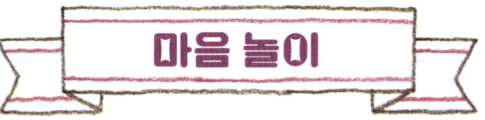

마음 놀이

 친구들을 위한 발명품 만들기!
친구들에게 필요한 걸 생각해 보면 돼.

예시: 김응을 위한 날마다 언니 말 잘 듣는 동생 로봇, 김유를 위한 날마다 동생 말에 '응!' 맞장구치는 언니 로봇.

_____을(를) 위한 _____

_____을(를) 위한 _____

_____을(를) 위한 _____

_____을(를) 위한 _____

_____을(를) 위한 _____

_____을(를) 위한 _____

_____을(를) 위한 _____

→ 그런데 말이야, 친구들에게 진짜진짜 필요한 건 바로 따뜻한 응원의 말이지!

낯선 곳으로 이사 가기 싫어요

얼마 있으면 다른 동네로 이사를 가요.

그래서 지금 다니는 학교를 떠나야 하고, 그러면 친구들이랑 헤어져야 해요.

지금 사는 동네에는 친한 친구도 많은데, 갑자기 헤어지려니 생각만 해도 눈물이 나요.

엄마가 친구들 보러 자주 놀러 올 거라고 했지만 이사 가면 쉽게 오갈 수 없잖아요. 그냥 차라리 이사를 가지 말지.

엄마 아빠가 가야 하는 상황이라고 하니 어쩔 수 없이 이사를 가긴 해야 할 거예요.

새 학교에서 다시 친구들을 사귈 수 있을까요?

응유의 응원 편지

정든 학교와 친구들을 떠나 이사를 간다니
마음이 뒤죽박죽 혼란스럽겠구나.
나도 서울을 떠나 경기도에서 지내다
강원도 바닷마을로 이사를 했어.
이사를 할 때마다 걱정부터 앞섰지.

혹시 생각하지 못한 일이 일어나면 어쩌지?
낯선 곳에서 잘 지낼 수 있을까?
새로운 친구를 사귀지 못하면?

그런 생각이 들어서
익숙한 집과 친구들을 떠나는 게 싫었어.
하지만 지금은 오히려 바닷마을을 떠나고 싶지 않아.
어느새 바닷마을에 푹 빠져 버린 거지.
처음에는 낯설었지만
바닷가 솔밭도, 골목 이웃들도 모두 정이 들었거든.
바닷마을 작은 골목 작은 집으로 이사를 와서
바닷가에 텐트를 치는데 몇 시간이나 끙끙댄 적이 있어.

텐트 치는 법도 모르고 무작정 바다로 나갔거든.

이웃집 친구가 도와줘서 무사히 텐트를 치고,

푸른 바다를 보며 좋아하는 책도 읽고, 노래도 들었어.

즐거울 때도 힘들 때도 바닷길을 걸으면서

웃기도 하고 울기도 했어.

까무잡잡하게 그을린 살갗을 보면

아파트가 빽빽한 도시에서 살았던 날이 멀게 느껴졌어.

이사를 한 뒤에 친구들이 보고 싶으면

마음을 듬뿍 담아 친구들한테 편지를 써 보렴.

전화나 이메일, 문자도 좋지만

가끔씩 손 편지를 써서 우편으로 보내면

색다른 느낌이 들거든.

편지를 읽다 보면 편지를 쓴 사람의 마음까지 느낄 수 있어.

나는 어린 시절에 친구들과 주고받은 편지를 아직도 간직하고 있단다.

편지는 사진처럼 추억을 떠올리게 하는 소중한 보물이 되어 주거든.

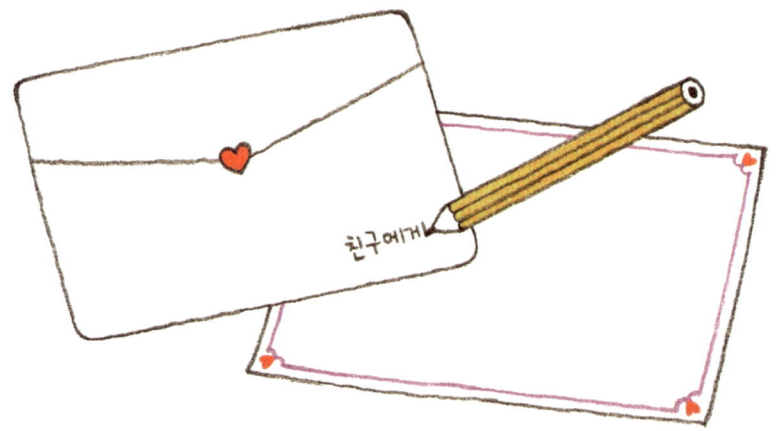

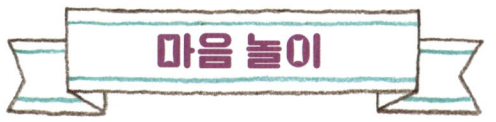

마음 놀이

 행복을 빵빵하게 채워 주는 커다란 빵을 그려 봐.

빵을 나눠 먹고 싶은 친구들 이름 몽땅 쓰기!

→ 이 친구들에게 편지로 마음을 전하면 행복도 두 배~

3 언제나 함께할 베프가 필요해요

응유의 응원 편지

친한 친구가 없다니 많이 외롭겠구나.
지금은 사이가 멀어졌다는 그 친구가
진짜 친구였다면 지금쯤 속으로는 울적해하고 있을 거야.
하지만 말로만 베프라고 쉽게 내뱉었다면
안타깝지만 속상하지도 아쉽지도 않겠지.
그냥 놀 때만 필요한 친구는 뒤돌아서면 금방 잊히고 말거든.
동화책《너의 베프가 되고 싶어》에 나오는 주인공 소은이도
친구 관계 때문에 고민하고 힘들어해.
반에서 인기가 많은 지연이라는 친구가 있는데
단짝클럽을 만들어서 친구 등급을 정하거든.
물론 지연이가 원하는 대로 맞춰 주는 친구들이
지연이의 단짝이 될 수 있는 거지.
소은이도 지연이의 눈치를 보고
지연이가 하는 대로 무조건 따라야 했어.
그런데 잘못되었다는 걸 깨달은 뒤에는 다른 선택을 하고 싶어졌지.
자신이 진짜 원하는 대로 말이야!
처음에는 마음도 불편하고 화도 나고 속상하고 그래.
그렇지만 스스로 마음을 잘 들여다보고 방법을 찾아가다 보면

어느새 마음의 키도 자라고 뜻밖의 선물도 만날 수 있단다.

소은이가 겪은 이야기는 책에서 더 만나 보면 좋을 것 같아.

이렇게 소은이처럼 내 마음속 소리를 들으려면

우선 마음이 단단해지는 연습을 해야 해.

마음이 단단해지는 연습

✌ 남의 얘기나 행동에 신경 쓰지 말기 → '그게 뭐 어때서?'라고 생각하며 뻔뻔해질 필요가 있음.

✌ 내 마음을 표현하는 데 익숙해지기 → 누가 뭐래도 나는 소중하니까!

마음이 단단하면 쉽게 무너지지 않을 거야.

그리고 베프가 있으면 좋겠다는 생각이 들 때는

내가 먼저 누군가의 베프가 되어 줄까 생각하는 것도 좋아.

나와 마음이 같고 나를 도와주는 친구야말로 베프가 되기에 충분하지.

앞만 보지 말고 옆도 뒤도 한번 둘러보렴.

너의 진짜 베프가 기다릴지도 모르니까.

마음 놀이

 하하호호 기분 좋은 칭찬은 뭐가 있을까?

✌️ ～～～～～～～～～～～～～～～～～～～～～～～～～～～
✌️ ～～～～～～～～～～～～～～～～～～～～～～～～～～～
🖐️ ～～～～～～～～～～～～～～～～～～～～～～～～～～～
🖐️ ～～～～～～～～～～～～～～～～～～～～～～～～～～～
🖐️ ～～～～～～～～～～～～～～～～～～～～～～～～～～～

→ 위에 적은 칭찬을 하루에 한 번 친구들한테 말해 주기!

친구의 도움이 필요할 때는 언제일까?

✌️ ～～～～～～～～～～～～～～～～～～～～～～～～～～～
✌️ ～～～～～～～～～～～～～～～～～～～～～～～～～～～
🖐️ ～～～～～～～～～～～～～～～～～～～～～～～～～～～
🖐️ ～～～～～～～～～～～～～～～～～～～～～～～～～～～
🖐️ ～～～～～～～～～～～～～～～～～～～～～～～～～～～

→ 이럴 때 친구 도와주기! 그럼 너는 인기쟁이가 될 거야! 틀림없다니까!

4 싫어도 거절을 못 해요

응유의 응원 편지

친구들 부탁을 거절하지 못해 힘들 때가 많았겠구나.
나도 친구가 어려운 부탁을 해 오면
어떻게 해야 할지 고민이 많이 돼.
자기 일을 대신 해 달라는 친구도 있고,
가끔은 큰돈을 빌려 달라고 하기도 해.
한번 부탁을 들어주면 또다시 부탁하거나
또 다른 친구가 부탁을 하기도 하지.
그렇다고 친구들 부탁을 차갑게 거절하는 게 옳은 걸까?
동화 〈비싼 부탁 좀 들어줄래?〉에는
우리랑 똑같은 고민을 하는 수아가 있어.
친구들은 수아가 아끼는 색연필 세트를 빌려 달라고 하고,
스티커 산다며 돈을 빌려 달라고 해.
그러면서 점점 더 비싼 부탁을 하는 거야.
수아가 거절을 못 하고 들어줄 때마다
친구들은 꼭 잊지 않고 말하지.
"네가 우리 반에서 제일 착해."
수아도 고민, 고민하다 방법을 찾았어.
바로 솔직하게 말하는 거였지.

부탁을 거절하면 친구들이 싫어할 줄 알았는데
결과는 수아 생각처럼 나쁘지 않았어.
그러니까 일어나지 않을 일을 끙끙대며 괜히 걱정한 거지.
그래서 나도 수아처럼 무조건 부탁을 들어주기보다
진짜진짜 힘든 친구들의 부탁을 들어주고,
내가 부담을 느끼지 않을 만큼만 도와주기로 했지.
그리고 거절할 때는 정확하게 얘기하기로 했어.

"미안한데, 난 지금 바빠서 네 일을 도와줄 수 없어."
"안타깝지만, 난 지금 돈이 없어서 빌려 줄 수 없어."

그런데 친구들에게 내 것을 나눠 준다는 것은
힘들기도 하지만 어찌 보면 행복한 일인 것 같아.
나눠 주고 싶어도 늘 받기만 해야 하는 사람도 있잖아.
주로 약한 사람들이 남의 도움을 받게 되니까.
오히려 내 것을 남에게 나눠 주는 사람이야말로 강한 사람이고,
용기 있는 사람이라고 생각해.
그래도 잊지 마.
내가 할 수 있는 만큼만 도와줘야 한다는 것을!
그래야 오래오래 나눌 수 있거든.

 ## 마음 놀이

손바닥을 펼쳐 '내 손' 그리기! 쫙쫙 펼쳐서!

내 손을 가만히 들여다봐. 많은 일을 해 주는 고마운 손이지? 내 손으로 친구나 가족이나 이웃을 도울 수도 있어.
내 손으로 할 수 있는 일들을 써 볼까? 어디에? 내 손 그림에!

친구랑 싸워서 마음이 뻥 뚫린 것 같아요

친구랑 일요일에 만나서 놀기로 했는데
엄마 심부름하느라 약속 시간을 못 지켰어요.

놀이터에 늦게 갔더니 친구가 없었어요.

미리 말하지 못한 건 잘못했지만
빨리 하고 가려고 연락을 못 했거든요.
나도 친구가 기다려 주지 않아 서운했어요.

어디냐고 전화했더니 친구가 막 화를 내서
결국 싸우고 말았어요.
그 친구랑은 1학년 때부터 무척 친했거든요.

그런데 싸우고 난 다음부터는
날마다 함께하던 등하교도 나 혼자 해요.
마음이 뻥 뚫린 것 같아요.
학교에 가는 것도 싫어요.

친구랑 화해하고 싶은데
어떻게 해야 할지 모르겠어요.
친구랑 예전처럼 친하게 지낼 수 있을까요?

웅유의 응원 편지

늘 함께하던 친구가 곁에 없으면 많이 허전할 거야.
오늘처럼 보슬보슬 비가 오는 날에는
친구랑 함께 우산을 쓰고
깔깔깔 수다 떨던 날들이 더 그리울 것 같아.
아직 친구랑 화해를 하지 않아서
혼자 우산을 쓰고 집으로 간 건 아닌지…….
나는 동생이랑 단둘이 사는데
우리는 짝꿍처럼 늘 붙어 다니거든.

그런데 어제저녁 말다툼을 하다 크게 싸우고 말았어.
그 뒤로 눈도 안 마주치고, 말도 안 하고, 밥도 따로 먹어.
라면을 끓여 둘이 먹으면 두 개도 모자랄 만큼 금방 먹는데,
혼자 먹으니까 하나도 다 못 먹고 남기게 되더라.
퉁퉁 불어 겉도는 면발이 마치 나의 모습처럼 느껴졌어.
그리고 영화 〈우리들〉에 나오는 선이와 지아가 생각났지.
외톨이 선이와 전학생 지아는 비밀을 나눌 만큼 친했어.
하지만 서로의 비밀을 다른 친구들한테 말하면서
오해가 생겨 멀어지고 몸싸움까지 하게 됐지.
둘은 몸뿐 아니라 마음에도 상처를 입게 돼.

한편 선이 동생은 맨날 덩치 큰 친구한테 맞고 와.

선이네 엄마가 속상해서 말하지.

맞으면 너도 같이 때리라고.

근데 선이 동생이 뭐라고 한 줄 알아?

"그럼 언제 놀아?"라고 물어.

이 말에 답이 있다는 생각이 들었어.

서로 오해하고, 서로 삐치고, 서로 소리 지르고, 서로 때리고…….

그렇게 싸우기만 하면 우리는 언제 다시 함께 놀 수 있을까?

언제 다시 즐겁고, 언제 다시 행복한 시간을 보낼까?

혹시 내가 실수했다면 늦지 않게 사과하는 게 중요해.

한번 벌어진 틈은 시간이 지날수록 더 벌어지거든.

아마 친구도 함께했던 날들을 그리워하며 기다릴 거야.

친구가 말을 안 한다고 똑같이 말을 안 하는 것보단

용기를 내서 먼저 다가가 보는 건 어떨까?

진심을 전한다면 친구도 마음을 알아줄 거야.

날마다 비가 오는 건 아니니까.

오늘은 비가 오지만, 내일은 해가 쨍하고 뜰지도 몰라.

지금 우리는 그냥 놀 시간도 부족하잖아.

'기분 좋은 말'들을 모아서 빙고 놀이 해 볼까?
친구랑 하면 기분이 더 좋아질 거야.

고마워 괜찮아 그래그래 기뻐 놀자 도와줄게 멋져 미안해

부탁해 뽀뽀 사랑해 쓰담쓰담 아름다워 아자아자 예뻐 잘했어

좋아좋아 즐거워 최고야 토닥토닥 하트뿅 함께 해줄게 행복해 힘내

놀이 방법
① 두 사람 이상 함께하기 → ② 빈 종이에 가로 세로 5칸씩 표 만들기 →
③ 위에 적은 파란색 낱말들을 빈칸에 하나씩 쓰기(순서를 마구 섞어서) → ④ 한 사람씩 돌아가며 낱말 말하기 →
⑤ 말한 낱말 지우기 → ⑥ 가로, 세로, 대각선 다섯 줄을 먼저 지운 사람이 '빙고' 외치기

 # 학원을 다니느라 시간이 없어요

응유의 응원 편지

시간이 없어서 문제집도 못 풀고, 숙제도 못 하다니!
시간을 쫓아 하루를 보내다 보면 벌써 자야 할 시간!
시간에 쫓길수록 시간은 자꾸 '빨리빨리'를 외치는 것 같아.

우리 학교 느티나무는
백 살을 살았는데
늘 여유롭다
비가 오면 비를 피해 가라고
우산이 되어 준다
볕이 뜨거우면 쉬었다 가라고
그늘이 되어 준다

열 살인 나는 백 살이 되려면
구십 년이나 남았는데
늘 시간이 없다

- 김응 동시 〈알쏭달쏭 시간〉,《마음속 딱 한 글자》

이제부터라도 시간을 쫓아가지 말고, 앞장서 보는 거야.
시간을 앞장선다는 건 시간을 잊고, 하고 싶은 일을 먼저 하는 거지.
누가 시키는 것만 하거나 따라만 하면
그다음에 무슨 일이 일어날지 모르니까 너무너무 재미없거든.
시간은 신경 쓰지 말고 우선 하고 싶은 일을, 해야 할 일을 떠올려 봐.

👆 하고 싶은 일 = 내가 좋아하는 일

(친구랑 수다 떨면서 스트레스 날리기, 도서관에서 재미있는 책 보기 등등)

👆 해야 할 일 = 지금 내가 할 수 있는 일

(문제집 풀고 숙제하기, 그림 그리기, 피아노 치기, 방 청소 등등)

단, 하고 싶은 일과 해야 할 일이 너무 많을 때에는
중요한 것을 먼저 하면 돼.
꼭 하고 싶은 일, 꼭 해야 할 일을 수첩에 한번 적어 봐.
오늘은 꼭 놀고 싶다면 숙제보다 노는 게 먼저!
오늘은 꼭 시험공부를 해야 한다면, 노는 것보다 공부가 먼저!

마음 놀이

지금 당장 마음껏 놀고 싶다고?

그럼 아래 네모 안에 마음껏 낙서해 볼까?

낙서장

2 공부를 잘하려면 어떻게 해야 해요?

응유의 응원 편지

우리는 살아가는 동안 많은 공부를 하게 돼.
아기일 때 '맘마', '엄마', '아빠'라는 말을 배우고,
걸음마를 떼고, 혼자 숟가락질을 하고…….
이 모든 것도 공부니까 말이야.
나도 여전히 공부를 하고 있어.
세계여행을 하려면 외국어 공부도 필요하고,
좋은 글을 쓰려면 책을 많이 읽는 공부도 필요하거든.
이렇게 내가 필요할 때, 하고 싶을 때
공부를 하면 효과가 두 배로 쑥쑥 올라!
그런데 문제집을 푸는 것만이 공부일까?
시험에서 늘 백 점을 맞는 게 중요할까?
더 중요한 것은 내가 모르는 것을 알아 가는 것,
그런 재미를 맛보는 것이라는 생각이 들어.

앞으로 알아낼 것이 많다는 건 참 좋은 일 같아요!
만약 이것저것 다 알고 있다면 무슨 재미가 있겠어요?
그럼 상상할 일도 없잖아요!

영화나 책에서 만난 '빨간 머리 앤'이 했던 멋진 말이 떠올랐어.

앤은 어려운 환경에서도 희망을 잃지 않는 친구거든.

우리는 날마다 새로운 내일을 만나고 새로운 것을 알아 가잖아.

공부가 다 끝나면 내일이 오지 않을 수도 있어.

내일이 없다는 건 너무 슬픈 일이잖아.

그러니까 날마다 새로운 것을 알아 가는 마음으로 공부를 해 보자.

그리고 오늘 다 못 한 일을 내일 한다고 큰일 나지 않아.

공부든, 노는 거든 오늘 할 수 있는 만큼만

최선을 다하면 되는 거지. 그래야 후회가 없으니까.

공부 재미있게 하는 비법

✌ 문제집 풀기만 공부는 아니야!

나보다 힘들거나 외로운 친구를 돕는 것도 좋은 공부지.

별난 상상 놀이도 머리가 좋아지는 공부라는 거 잊지 마.

✌ 나를 위해 내가 진짜 좋아하는 공부를 하면 돼!

부모님이 시켜서 하는 게 아니라,

내가 하고 싶은 일을 위해 하는 공부는 즐겁거든.

✌ 억지로 하는 공부는 시간만 낭비할 뿐이야!

문제집 풀기가 싫을 때는 잠깐 덮어 두고,

재미난 책을 읽거나 친구들과 수다를 떨면 돼.

마음 놀이

우리의 상상 도서관에는 재미있는 책, 재미없는 책이 한가득이야.
빈칸에 마음대로 낱말 넣어 제목 짓기!

보면 볼수록 ( ) 책

( )보다 더 무서운 책

( )보다 더 재미있는 책

세상 모든 ( )을 뭉쳐 만든 책

( )보다 더 달콤한 책

( )가 길어지는 책

친구 ( )명을 만들어 주는 책

 글을 잘 써서 칭찬받고 싶어요

응유의 응원 편지

글을 쓰는 건 작가인 나도 무지 어려워.
잘 쓰고 싶은 욕심이 많을수록 한 글자도 못 쓸 때가 있지.
그러니 마음 편히 하고 싶은 이야기를 써 나가야 해.
그까짓 상 같은 것 못 타면 어때.
내가 즐겁게 썼으면 그만이지.
이런 마음으로 글을 쓴다면
걱정 같은 건 저 멀리 달아나 버릴 거야.
그래도 글 쓰는 게 힘들다고?
그럼 그림책 《낱말 수집가 맥스》를 읽어 보렴.
맥스는 신문과 잡지에서 낱말을 잘라 모으는 낱말 수집가야.
형들이 우표나 동전을 모으듯이 낱말을 모으는 거지.
맥스처럼 짧은 낱말, 긴 낱말, 좋아하는 음식 낱말,
기분을 좋게 하는 낱말 등을 모아 보는 거야.
그다음에는 낱말들을 연결해서
새로운 이야기를 짓는 거지.
낱말들을 장난감 삼아 마음껏 놀다 보면
저절로 글이 써지는 놀라운 경험을 할지도 몰라.
그리고 글을 잘 쓰려면 책을 많이 읽는 게 좋아.

나는 글이 잘 안 써질 때 재미있는 책을 읽거든.

그렇게 책을 읽다 보면 쓰고 싶은 이야기가 떠올라.

책을 읽으면서 생각나는 이야기가 있으면 꼭 수첩에 적어 두고.

맛있는 요리를 만들려면 다양한 재료가 필요한 것처럼

글을 쓸 때도 좋은 글감이 많으면 이야기가 풍성해진단다.

아, 그러려면 우선 글자랑 친해지는 게 필요해!

글자랑 친구 되기 프로젝트

☝ **마음대로 간판 읽기**

가게 간판에 적힌 글자를 다른 글자로 바꿔 읽는 거야.

바뀐 간판 글자를 보면서 상상을 펼치면 더 재미있지.

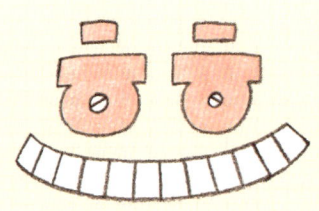

✌ **숨은 그림 찾기**

글자를 보면서 닮은 물건이나 사람 모습이나 동물을 떠올려.

무슨 그림이 숨었는지 찾다 보면 글자랑 금방 친해질걸.

🤟 **내 물건에 이름 붙이기**

운동화에, 의자에, 가방에 이름을 붙여 주는 거야.

특별한 이름을 붙이려면 책을 많이 읽는 게 좋아.

낱말을 차곡차곡 모아 둘 수 있으니까!

마음 놀이

보기만 해도 웃음이 나는 낱말은?

(내가 좋아하는 낱말을 찾아도 됨)
→ 용돈, 놀자, 게임, 사랑해

다음 글자로 시작하는 낱말 다섯 개 찾기!

㉮ _____

㉯ _____

㉰ _____

㉱ _____

㉲ _____

4 열심히 했는데 시험을 망쳤어요

응유의 응원 편지

많은 친구들이 시험 보기 전부터
성적표를 받는 날까지 걱정을 하지.
그러니 시험 때문에 걱정이 생길 때는
이렇게 생각해 보면 어때?
"나 혼자만 하는 걱정은 아니야.
내 친구들도 모두 하는 걱정이야.
누구나 걱정은 있어!"
그러면 걱정이 좀 작아질 거야.
나도 시험 때문에 아주아주 힘들었던 적이 있어.
어른이 되어 운전해야 할 일이 생겨서
운전면허를 따려고 필기시험, 실기시험을 준비했지.
그런데 생각지도 못하게 필기시험에서 떨어지고 만 거야.
친구들은 단번에 붙거나 백 점 아니면 하나 정도 틀렸거든.
다들 쉽게 시험에 합격해서 운전면허를 따는 것 같은데
나만 자꾸 떨어지니까 시험 볼 때마다 더 떨리더라고.
그래도 포기하지 않고 계속 도전했어.
다른 사람보다는 시간이 많이 걸렸지만,
합격했을 때 기쁨은 몇 배로 컸지.

물론 이제껏 운전하면서 교통 법규를 어기지 않았고 사고도 없었어.
그리고 시험을 좀 못 봐도, 공부를 좀 못해도
뭐든 열심히 하는 게 있다면 괜찮아.
아, 한 가지 잊지 않았으면 하는 게 있어.

시험 성적보다 중요한 건
지금 볼 수 있는 것,
느낄 수 있는 것,
생각할 수 있는 것들을 찾아서
마음껏 보고, 느끼고, 생각하며 꿈을 키우는 것.

하늘도 올려다보고 길가에 핀 꽃도 바라보고
나무한테 말도 걸어 보고.
그렇게 하다 보면 전에는 몰랐던 새로운 것들을 찾을 수 있거든.
이 세상에는 시험 점수보다 중요한 게 훨씬 많더라고.
앞으로 걱정이 반으로 줄면 좋겠다.
또 반의반으로 줄면 좋겠다.
반의반의 반으로 줄어 콩알이 되면 좋겠다.
먼지가 되어 날아가면 좋겠다.

시험지는 네모래. 시험지 닮은 네모들을 새롭게 변신시켜 주자!

동그라미랑 세모도 껴 주자!

5 하나를 선택하는 게 어려워요

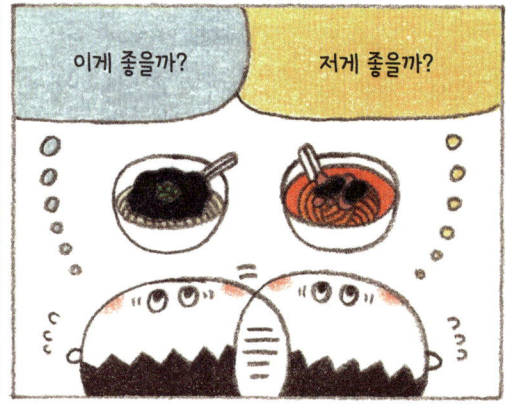

응유의 응원 편지

아, 여러 가지 중에 하나를 선택하는 것은 너무 어려워.
나도 무언가를 선택할 때마다 고민을 많이 해.
옷을 살 때도, 음식을 고를 때도 한참을 생각하지.
심지어 시험 문제 풀 때도 그렇다니까. 하하하.
(사실 공부를 안 해서 모르는 문제지만 말이야.)
우리처럼 심각할 정도로 선택을 못 하는 친구가 또 있어.
바로 그림책 《할까 말까?》에 나오는 '할까말까'야.
할까말까는 아침에 눈을 뜨면 눈곱을 뗄까 말까,
세수를 할까 말까 망설이다 몇 시간을 훌쩍 보낸대.
세상에나! 너무 심하지 않니?
몇 가지 가운데 하나를 선택하기만 하면 되는데
우리는 왜 그걸 어려워하는 걸까?
할까말까를 따라 똑부리 할아버지를 찾아가면
답을 얻을 수 있지.

두 가지에서 여섯 가지 중에 하나를 고를 때는
동전이나 주사위를 써서 해결!

그럼 일곱 가지 중에 하나를 고를 때는
어떻게 해야 하냐고?
그럴 때는 마음이 속삭이는 소리에 귀 기울이기!

어차피 무엇을 선택하든 다 똑같이 처음 경험하는 거잖아.
더 망설이고 많이 생각하는 건 당연한 거야.
그러니 걱정하지 마.
혹시 잘못된 선택이었다면 다시 다른 길을 가면 되니까.

선택이 어려울 때 마음에게 말해 주기

"누구나 처음 선택은 어려워."
"서툴기도 하고 실수할 수도 있어."
"우리에게는 '다음'이 있으니 괜찮아."
"네가 정말 원하는 건 뭐니?"

시간이 조금 더 걸리긴 하겠지만,
다양한 경험을 해 보는 것도 괜찮은 것 같아.
선택을 못 해 아무것도 경험하지 못하는 것보단 나을 테니까.
자, 이제 좀 더 빨리 선택할 수 있겠지?

마음 놀이

내가 좋아하는 것은 선택할까 말까 고민할 필요도 없지!

좋아하는 음식

좋아하는 친구

좋아하는 책

좋아하는 게 너무 많으면 동그라미 밖까지 써도 돼.

함께하는 세상에서 필요한 마음가짐
너와 나를 안아 주는 달달한 마음

초판 1쇄 펴낸날 2025년 7월 30일

글 김응, 김유 | **그림** 뜬금

편집장 한해숙 | **기획편집** 신경아 이경희 | **디자인** 최성수 이이환

마케팅 박영준 | **홍보** 정보영 | **경영지원** 김효순

펴낸이 조은희 | **펴낸곳** ㈜한솔수북 | **출판등록** 제2013-000276호

주소 03996 서울시 마포구 월드컵로 96 영훈빌딩 5층

전화 02-2001-5822(편집) 02-2001-5828(영업) | **전송** 0303-3440-0108

전자우편 isoobook@eduhansol.co.kr

블로그 blog.naver.com/hsoobook | **인스타그램** soobook2 | **페이스북** soobook2

ISBN 979-11-94439-31-8

어린이제품안전특별법에 의한 제품 표시
품명 아동 도서 | **사용연령** 만 7세 이상 | **제조국** 대한민국 | **제조자명** ㈜한솔수북 | **제조년월** 2025년 7월

ⓒ 김응, 김유, 뜬금

- 저작권법으로 보호받는 저작물이므로 저작권자의 서면 동의 없이 다른 곳에 옮겨 싣거나
  베껴 쓸 수 없으며 전산장치에 저장할 수 없습니다.
- 값은 뒤표지에 있습니다.

일러두기
이 책은 김응, 김유 작가가 기획한 '걱정 먹는 우체통'을 통해 어린이들과 주고받은 편지를 모아 재구성한 것입니다.
이 책에 실린 어린이 편지들은 실제에 바탕을 두었지만 개인 정보 보호를 위해 각색하는 과정을 거쳤습니다.

큐알 코드를 찍어서
독자 참여 신청을 하시면
선물을 보내 드립니다.

한솔수북
한솔수북의 모든 책은
아이의 눈, 엄마의 마음으로 만듭니다.

아이들 건강을 먼저 생각합니다.